8° L²⁷ₘ
32487

Ateliers
BERGER ....A
2...

NOTICE BIOGRAPHIQUE

Sur Armand BÉTHUNE-CHAROST,

Lue au Lycée Républicain, le 3 Frimaire an IX,

Par A. F. SILVESTRE,

Membre de plusieurs Sociétés Savantes, Nationales et Étrangères.

La mort d'un homme recommandable par des vertus particulières, est toujours une calamité publique, mais cette calamité est plus sensible encore, lorsque le caractère qui distingue cet homme est devenu plus rare; tous les faits prennent alors une teinte de nouveauté qui étonne et attache, le récit devient plus utile en rappelant des souvenirs presqu'effacés, en montrant un exemple qui enflamme les cœurs exempts de corruption, et qui fait quelquefois des imitateurs.

Les annales de nos mœurs, et celles de l'esprit humain, offrent des époques distinctes dans lesquelles certaines sciences ou certaines vertus particulières ont été plus généralement dominantes; et pendant lesquelles les faits relatifs à cet ordre de choses, étant plus communs, avoient besoin d'une plus grande supériorité pour faire sensation, tandis qu'à d'autres époques, au contraire, les moindres faits qui tendoient à le soutenir ou à le rappeler, méritoient d'être recueillis avec soin.

Sous ce point de vue, la bienfaisance active et sagement dirigée a pu être regardée, dans ces derniers temps, comme une des vertus les plus dignes d'être appréciées; jamais l'égoïsme n'a eu plus de force, jamais les hommes ne se sont plus isolés, n'ont moins fait le sacrifice de leurs jouissances personnelles au soulagement des indigens, que dans ces temps où les mots de fraternité et d'humanité remplissoient toutes les bouches, terminoient toutes les phrases, et s'offroient sans cesse aux regards des malheureux comme des simulacres de vertus dont la trace n'étoit pas perdue, et qui pouvoient avoir existé alors qu'on n'en parloit pas encore. Mais si la bienfaisance éclairée peut compter des temps plus heureux, si même, en ce moment, on reconnoît des dispositions qui lui sont plus favorables; les hommes qui l'ont exercée avec cette constance, ce discernement et cet abandon tout entier de leur être au bonheur des autres, ont toujours été très-rares; aussi faut-il parcourir une longue suite d'années pour pouvoir citer un *Las Casas*, un *Vincent de Paul*, un *Howard*, un *Bethune-Charost*.

Armand - Joseph BETHUNE-CHAROST naquit à Versailles, le premier Juillet 1738. Issu de la famille des Bethune et de celle des Larochefoucault réunies, il sentit de bonne heure l'obligation que lui imposoient des noms si justement révérés. Il perdit, dès son jeune âge, son père et une sœur qu'il avoit eue; sa mère devint alors l'objet de toutes ses affections, et elle les méritoit par le soin qu'elle mit à former son cœur à la vertu, et à développer les talens qu'il avoit reçus de la nature.

Dès l'âge de huit ans, la peinture qu'elle lui fit d'une famille malheureuse excita sa sensibilité, il lui remit trois mois de ses menus plaisirs, et cette première bonne action fut un souvenir délicieux pour le reste de sa vie; ses délassemens même portoient déjà l'empreinte de son bon cœur et de son ame aimante; il avoit à peine connu son père et sa sœur, et dans des notes qu'il traçoit dans un âge aussi tendre et qu'il appelloit ses souvenirs, il cherchoit à se les représenter, et leur adressoit les expressions de la tendresse la plus touchante. Très-jeune encore le récit de la bataille de Fontenoy, écrite sur le champ même du combat, interrompit ses jeux enfantins, cette victoire augmenta la gaîté qui les accompagnoit, et éveilla chez lui l'amour de la patrie et de la gloire.

Il entra à seize ans dans la carrière militaire. Comme tous les gens de son ordre, il eût bientôt un régiment, et ce régiment, prenant l'esprit de son chef, se montra digne de lui; il donna le premier dans plusieurs grandes occasions; dans diverses circonstances, on vit plusieurs de ses cavaliers démontés prendre parti dans l'infanterie, ce fut l'un d'eux qui, réuni aux grenadiers, lors de la prise de Munster, mérita l'honneur de couper la première palissade.

Leur chef donnoit l'exemple (1) de ce dévouement intrépide, lorsqu'au siége de la même place il resta pendant six heures à la tête de sa troupe dans une tranchée où l'ennemi voyoit la moitié de leur corps à découvert; mais il ne se bornoit pas à payer de sa personne; il cherchoit encore à prendre,

---

(1) Toujours le premier levé et le dernier couché, aucune marche forcée ne le rebutoit; il encourageoit les officiers et les soldats par ses exhortations et par son exemple.

sur son art, des connoissances plus approfondies, et ses conseils furent souvent suivis avec succès par M. d'Armentières, qui commandoit alors.

Mais ce fut sur-tout par ses bienfaits et par sa tendre sollicitude qu'il sut se concilier l'attachement des officiers et des soldats (1). Il recherchoit les moins fortunés; lors des revues de l'inspecteur, il demandoit pour eux des gratifications, et quand le ministre le refusoit, il les faisoit payer de ses propres deniers, comme si ces gratifications eussent été accordées; il payoit aussi, sur ses appointemens du gouvernement de Calais, les pensions qu'il feignoit d'avoir obtenues pour eux, afin de leur donner le plaisir de croire qu'ils avoient mérité l'attention du Gouvernement, et de leur éviter la peine de penser qu'ils devoient

---

(1) Un officier de mérite étoit sans fortune, et ses appointemens ne pouvoient lui suffire. M. *de Charost* obtint pour lui un des petits gouvernemens à la nomination du ministre de la maison du roi; il emprunta lui-même, pour cet objet, une somme de 8,000 livres. Cet officier ne fut informé de ce bienfait que sur le vû de la quittance de finance, et la plus grande peine qu'il éprouvât, fut de faire accepter, par la suite, à son bienfaiteur, le remboursement de cette somme.

leur aisance à leur colonel (1). Il continua même à soutenir ceux de ses cavaliers qui abandonnoient le corps, sur tout lorsqu'ils étoient chargés de famille, il les plaçoit sur ses terres, trouvoit moyen de leur procurer de l'emploi, et ses bienfaits ont suivi les soldats de son régiment, même après que le grade de maréchal-de-camp l'eut enlevé malgré lui à cette famille d'adoption.

Pendant les cinq années qu'il consacra à la guerre, il honora sa jeunesse par une foule d'actions qui seules auroient suffi à l'éloge d'un homme ordinaire. Avant de rentrer en France, l'armée étant ravagée par une affreuse épidémie, il fit établir, à ses frais, près Francfort, un hôpital qui a sauvé beaucoup de malades (2).

La paix de 1763 le rendit à des occupations plus analogues à son véritable caractère, et

---

(1) Les soldats qui se signaloient par des actions d'éclat, recevoient de lui une gratification, qu'il leur faisoit payer régulièrement chaque mois.

(2) Toujours prêt à faire pour son pays le sacrifice de sa fortune et de sa vie, il fut un des premiers à répondre à la demande que le Gouvernement fit, en 1758, de l'argenterie des particuliers; il en fit porter à la monnoie une superbe dont il avoit hérité de son père, et lorsque

s'il développa dans sa jeunesse l'ardeur et le courage de *Sully*, il montra, par la suite, que ce sang généreux couloit tout entier dans ses veines, et qu'il avoit hérité de toutes les vertus du ministre auquel sa race devoit une si grande illustration.

Dès 1765, il commença à faire des essais d'Agriculture, il s'occupa de la confection de plusieurs routes qui traversent la ci-devant province de Berry, il établit divers ateliers de charité (1), et contribua à l'amélioration de l'instruction publique dans sa province, en réunissant à un collége un bénéfice qui étoit à sa nomination, en acquérant et réparant une maison à cet effet, et en dirigeant l'instruction sur des objets d'utilité publique, alors trop négligés.

Il ne considéra jamais la prééminence que lui donnoit ses grandes propriétés seigneuriales, que comme l'obligation sacrée de remplir les devoirs de père envers ceux qui se regardoient comme ses vassaux.

---

son intendant lui représentoit qu'il étoit malheureux de fondre de si belles pièces : *Je sacrifie ma vie pour ma patrie*, répondit-il, *je peux bien aussi sacrifier mon argenterie.*

(1) A Ancenis, département de la Loire.

Il sentit l'importance de faire un choix d'agens probes pour diriger ses affaires, et sur-tout de juges intègres dans les lieux où il avoit le droit de justice seigneuriale ; aussi, pour être plus libre dans ce choix, ne balança-t-il pas à rembourser la finance des charges de tous les officiers qui dépendoient de lui.

Vingt ans avant la révolution, il conçut le projet de supprimer les restes de la féodalité, avant même qu'on eût osé les attaquer en France, il écrivit contre elle, il fit plus, il forma un plan d'amortissement de ses cens et rentes, il détruisit les corvées seigneuriales dans ses domaines, convertit les banalités en abonnemens, et ne conserva avec des droits modiques que celles des fours communs dont l'utilité fait encore presque par-tout désirer le rétablissement. Enfin, il supprima un droit de minage(1), qu'il reconnût injuste, quoiqu'en ce moment même on lui en offrit dix mille francs de fermage ; et il indemnisa (2) des censitaires qui, par erreur et à cause de la bizarre multiplicité des mesures employées, avoient payé à ses prédécesseurs une somme

---

(1) A Charost et à Mareuil, département du Cher.
(2) A Ancenis, département de la Loire Inférieure.

plus forte que celle qu'ils devoient légalement.

Mais, pour cet homme vertueux, c'étoit trop peu d'être juste ; il fonda dans chaque commune des secours annuels pour les indigens, il se chargea (1) d'enfans abandonnés ; et les confiant à des Cultivateurs, il pourvût constamment à leur entretien et à leur instruction par des pensions décroissantes. Dans d'autres communes (2) il établit des sages-femmes, des chirurgiens et des pharmaciens pour les malades, des secours extraordinaires (3) contre les grêles, les inondations et les incendies. Bien avant la révolution, il avoit fondé un hôpital à Meillant, et l'avoit richement doté ; l'indigent y trouvoit une retraite tranquille, des soins assidus, une existence honnête, son humanité en avoit fait un séjour de bonheur.

Sa bonne foi et son respect pour la propriété étoient si connus, qu'on le vit plus d'une fois se refuser à être lui-même arbitre dans sa propre cause ; sa parole étoit sacrée ; elle étoit, pour les gens qui le connoissoient,

---

(1) A Charost et à Mareuil.
(2) A Roucy et à Meillant.
(3) A Mareuil et à Charenton-sur-Marmande.

aussi sûre que l'engagement le plus authentique. Un jour il fit volontairement le sacrifice de cent mille écus pour ne pas manquer à la promesse verbale qu'il avoit faite d'acquérir un domaine. Dans une autre occasion, il remboursa, en numéraire, la somme de soixante mille francs qui lui avoit été prêtée, quoique des circonstances particulières l'eussent déjà forcé de déposer cette somme, en papiers, à la trésorerie nationale.

Après tant d'actions de justice et d'humanité, *Béthune-Charost* ne croyoit pas avoir rempli tous ses devoirs de citoyen, il pensa qu'il devoit encore employer, pour la chose publique, une grande partie de ses facultés à l'amélioration des pays dont le sort lui étoit confié par le Gouvernement. Ses actes d'administration publique ne font pas moins d'honneur à ses lumières qu'à la bonté de son cœur; gouverneur de Calais, dans une année de disette, il encouragea, de ses propres deniers, l'importation des grains dans ce port; lieutenant-général de la Picardie, il fit les fonds d'un prix sur les moyens de préserver les campagnes du fléau des incendies, et d'un prix contre le fléau non moins désastreux des épizooties; d'un autre prix sur l'utilité des dessèchemens en général et de ceux du Laonnois en particulier ; enfin, d'un prix pour la culture du coton dans nos provinces méridionales, et de plusieurs autres, particuliers à celle du Berry.

C'étoit avant la révolution qu'il avoit donné toutes ces preuves de son amour pour le bien public. Des travaux aussi soutenus et aussi utiles n'avoient point échappé à l'attention du Gouvernement ; Louis XV savoit l'apprécier ; un jour que *Béthune-Charost* s'avançoit vers lui, il dit aux courtisans qui l'environnoient : *regardez cet homme, il n'a pas beaucoup d'apparence, mais il vivifie trois de mes provinces*. Heureux l'administrateur qui a pu mériter un semblable éloge, et celui-ci n'étoit pas mendié.

Malgré la foiblesse de sa constitution, *Béthune-Charost* conservoit beaucoup de fermeté dans le caractère, et il s'étoit fait une idée juste du point d'honneur. Lorsque madame Dubarry devint en faveur, on fit de vains efforts pour qu'il sacrifiât à l'idole devant laquelle les courtisans se faisoient alors un devoir de courber la tête ; il préféra risquer de perdre ses places et la faveur du prince, à les conserver par cette action, qu'il regardoit comme une bassesse.

L'assemblée des notables, dans laquelle il se crut appellé à la régénération de son pays, le trouva prêt à des sacrifices dont il avoit le motif dans son propre cœur (1). Il y établit avec fermeté ses principes sur la justice de l'égalité dans les répartitions des charges publiques, comme il avoit combattu la corvée dans les assemblées provinciales, et que depuis il en a entraîné la proscription; enfin, il étoit tout préparé aux pertes qu'il fut obligé de supporter dans la suite, et il dit lui-même qu'il n'a pas éprouvé de regrets pour la diminution de son revenu, dans un moment où les besoins de la patrie exigeoient de si grands efforts de la part de tous les citoyens (2).

Lorsque la terreur pesoit sur la France entière, les vertus de *Béthune-Charost* ne garantirent pas son nom et sa fortune, il fut,

---

(1) Un don volontaire de cent mille francs précéda le décret relatif à la contribution patriotique; il étoit au moins double de la proportion qui, depuis, devint exigible.

(2) En 1792 et 1793 l'émisssion des assignats, jointe à plusieurs autres circonstances, ayant augmenté considérablement le prix du bois, comme de beaucoup d'autres denrées, il eut le soin d'affecter, sur ses coupes, un triage pour la commune de Saint-Amand; il donnoit son

avec tant d'autres victimes innocentes, traîné dans les cachots, sa conduite irréprochable même fut un crime aux yeux de ses bourreaux; envain, pour éviter l'orage, il s'étoit retiré à Meillant, où ses bienfaits l'avoient rendu si recommandable. Un ordre supérieur vint l'en arracher; les prières des malheureux, qui vouloient le retenir, ne purent adoucir cet arrêt; le gendarme lui-même qui l'accompagnoit fut forcé de mêler ses larmes à celles de tous les indigens qui regrettoient leur père; *Béthune-Charost*, sensible à ce témoignage d'humanité, ne parloit jamais sans attendrissement de ce gendarme.

Dans les prisons de la Force, où il séjourna six mois, il porta le calme d'une conscience pure et la tranquillité d'un homme vertueux; il étoit le consolateur de tous ceux qui partageoient son sort; il s'entretenoit sur-tout avec

---

bois au prix modique de quarante sols la corde, sous la condition expresse que les marchands ne le revendroient pas plus cher que les années précédentes. Il a donné des mémoires sur les moyens de détruire la mendicité, sur ceux d'améliorer, dans les campagnes, le sort des journaliers, sur le projet d'une caisse rurale et de secours; il proposa la réimpression des bons ouvrages d'Agriculture, afin de les répandre à bas prix dans les campagnes.

eux du bien qu'il se proposoit de faire encore, lorsqu'il auroit recouvré sa liberté. Le 9 Thermidor ouvrit son cachot, il sortit de la Force en pardonnant à ceux qu'il l'avoient si maltraité (1).

Il avoit l'habitude de chercher un bon motif dans les actions même les plus blâmables; il ne pouvoit pas croire qu'il existât un homme méchant. C'est un défaut sans doute, mais on se plait à le lui pardonner; d'ailleurs, il n'entre pas dans mon projet de dissimuler ses erreurs, il falloit bien qu'il participât, de quelques côtés, aux foiblesses de l'humanité.

A peine il fut rendu à la liberté, qu'il signala cette époque par de nouveaux bienfaits, il se retira sur ses propriétés dans le département du Cher. Il trouva les travaux qu'il

―――――――――――――――――――――――――

(1) On est étonné, en parcourant la multitude de certificats que le C. *Béthune-Charost* fut obligé d'obtenir des administrations, des sociétés populaires et des comités révolutionnaires avant d'être mis en liberté. Tous ces certificats rendent (dans le style du temps) hommage à sa soumission aux loix, à son civisme et à sa bienfaisance; quelques-uns attestent qu'il a toujours été *le père de l'humanité souffrante*; d'autres qu'*il s'est montré l'homme bienfaisant*.

avoit entrepris suspendus, les améliorations qu'il avoit faites dans un état de stagnation qui les rendoit rétrogrades; l'hôpital qu'il avoit établi étoit détruit par la confiscation du bénéfice qu'il y avoit affecté ; il entreprit de tout réparer et s'y livra avec zèle et succès. On croit voir l'abeille industrieuse mettant une nouvelle activité à rétablir l'édifice et les provisions dont l'instrument tranchant vient de la priver, ou plutôt on se représente l'image du génie réparateur qui veille à l'entretien et à la perpétuité des êtres, s'occupant sans cesse à féconder les germes, et à remplacer, par de nouvelles productions, celles qui, déjà, ont été entraînées par les ravages du temps.

Tous les perfectionnemens à faire en Agriculture tiennent moins à des inventions nouvelles qu'à l'introduction de pratiques, reconnues utiles dans certains pays, et qui peuvent s'appliquer avec avantage dans d'autres cantons semblables, où leur usage est encore ignoré ; aussi *Béthune - Charost* fut plus utile en créant une Société d'Agriculture à Meillant, en y répétant des expériences (1)

---

(1) Pour reconnoître l'emploi qu'il devoit faire des diverses terres de sa propriété, soit comme engrais, soit

sur la quantité et la qualité des semences, sur l'emploi du chaulage pour détruire la carie qui attaquoit la plus grande partie des grains du département, sur les avantages qui peuvent résulter de l'usage de la faulx sur celui de la faucille pour les récoltes, en rédigeant un vocabulaire des termes ruraux en usage, et une description topographique, rurale et industrielle de son district; que s'il avoit trouvé un procédé particulier de culture, ou s'il avoit inventé une machine nouvelle.

Il avoit observé que l'araire, espèce de charrue employée dans le département du Cher, et qui ne fait qu'effleurer la terre, ne

---

pour la fabrication des poteries, il en fit faire l'analyse et il en trouva de très-bonnes pour cet usage.

Un de ses projets favoris étoit de parvenir à reconnoître la nature et la composition des terres par une analyse à la portée de tous les cultivateurs, et de déterminer, d'après cette connoissance et l'inspection des végétaux qui croissent spontanément, quelles étoient les espèces de plantes économiques qu'on pouvoit cultiver avec le plus d'avantage. Il s'est servi, pour rechercher les terres propres aux poteries, d'une sonde d'environ cinquante pieds, dont le pays n'avoit alors aucune connoissance, et dont il a fait présent à la Société d'Agriculture de Meillant.

convenoit

convenoit pas au sol compact de ce département; il y substitua la charrue de la Brie, et pour en répandre l'usage, il en donna plusieurs comme récompenses à divers cultivateurs.

Les prairies artificielles étoient alors peu cultivées dans son canton, le morcellement et le mélange des propriétés étoit un obstacle à leur propagation, il fit venir des graines qu'il répandit dans le pays, et proposa un prix sur les moyens de concilier leur emploi avec le respect dû aux propriétés. Les meules à courant d'air étoient inconnues, il montra l'usage de ce procédé, qui remédie aux inflammations spontanées (1). Enfin, il donna le premier, en France, l'exemple utile de consacrer un domaine à des expériences d'économie rurale; il avoit senti le bien que de pareils

―――――――――――

(1) Aucun objet n'étoit étranger à son zèle; ses forges, dont il perfectionna la manutention, devinrent, par ses soins multipliés, un modèle pour toutes celles de la République; il fit des plantations sur les grandes routes; il étendit, dans le département du Cher, la culture de la vigne et celle du chanvre, il y introduisit celle du lin, du colza, de la rhubarbe, de la gaude, de la garance et du tabac; il s'occupa aussi avec succès de l'éducation des abeilles, de celle des porcs et de celle des oiseaux de basse-cour,

établissemens pouvoient procurer à l'Agriculture, et il avoit prévenu le vœu que les hommes les plus éclairés de l'Angleterre et de la France viennent de développer sur cet important objet ; mais son exemple ne fut pas suivi, et la Société d'Agriculture de Meillant, à laquelle il en confia la direction, est encore la seule en France qui ait à sa disposition ce moyen d'établir, d'une manière efficace, la solidité des principes de la théorie agricole.

Les laines étoient une des plus importantes productions du Berry ; on sait que de tout temps la partie haute de cette province retira, des produits de ses moutons, la plus grande partie de ses ressources pécuniaires (1) ; mais

---

soit relativement au choix des races, soit à celui de leur nourriture.

La multitude des chèvres, ce fléau du cultivateur, désoloit le département du Cher, comme il désole sur-tout les pays à grande culture ; avant de prononcer sur la destruction de ces animaux, qui sont souvent le patrimoine du pauvre, il rechercha avec soin s'il existoit quelque moyen de s'opposer au dégât quelles causent en profitant de tout ce qu'elles peuvent présenter d'utile.

(1) La race chétive des chevaux du Berry réclamoit aussi ses soins ; il fit venir de beaux étalons et des jumens de choix ; il prêtoit les premiers, il en a placé dans

des brebis foibles et de petite stature, des laines grossières, des bergeries mal saines et point aérées, une ignorance absolue du croisement des races, firent sentir au C. *Bethune-Charost* tout l'avantage que pouvoit promettre une amélioration dans cette partie ; il fit venir un troupeau de race espagnole, il étudia la manière de le nourrir, de le conserver, de le naturaliser dans ce pays, et d'obtenir de prompts résultats par un croisement dont il propageoit la méthode dans son voisinage, en prêtant gratuitement ses béliers, et en en donnant même pour prix à ceux des propriétaires qui avoient les plus belles brebis ; on lui doit d'avoir le premier renversé, par des expériences exactes, ce préjugé ou cette assertion malveillante, que les moutons espagnols ne peuvent pas, dans nos climats, prendre l'embonpoint nécessaire, et qu'ils y sont plus sujets à la mortalité. Et il éprouva

---

plusieurs communes, et en a même donné à ceux des Cultivateurs qui s'occupoient plus particulièrement de cette branche importante ; il a cherché à détruire l'usage où l'on étoit de faire accoupler ces animaux dès l'âge de deux ans, pratique trop usitée dans les campagnes, et qui est la plus propre à abâtardir promptement la race.

peut-être une de ses plus douces jouissances lorsqu'il vit les moutons qu'il avoit élevés devenir, à la quatrième génération, presqu'aussi beaux que les mérinos d'Espagne (1).

Ce n'étoit pas assez pour lui d'améliorer la qualité des laines, son esprit administrateur voyoit avec peine que les départemens voisins les achetassent brutes et vinssent ensuite les revendre fabriquées, faisant ainsi, sur celui du Cher, le profit de l'industrie; il forma le projet d'établir, dans l'arrondissement de la Société de Meillant, une filature et une fabrique de couvertures, pour employer, sur les lieux, les matières premières, et fournir du travail aux indigens. Il avoit déjà fait venir plusieurs métiers, connus sous le nom de *Jennys ;* bientôt après il proposa un prix pour l'ouvrier qui auroit fabriqué, sur les lieux, le plus grand nombre de cou-

---

(1) Les loups, multipliés dans ce département, y faisoient de grands dégâts; la récompense promise par l'administration, à ceux qui en délivreroient le pays, n'étoit pas payée, *Béthune-Charost,* aux sollicitations qu'il adressa à cet égard au Gouvernement, joignit une addition de récompense, qui détermina à faire de nouveaux efforts pour détruire ces animaux redoutables.

vertures de laine ; il ne réservoit pour lui que la satisfaction de faire toutes les avances de l'établissement.

Ce même exemple si précieux et d'une application si utile à l'Administration-générale de la République, il le donna aussi pour la fabrication des toiles à voiles, dont il existoit très-anciennement une manufacture à Bourges ; (1) cette manufacture avoit le double avantage d'employer sur les lieux mêmes les chanvres que la province fournissoit abondamment, et de soutenir des familles pauvres, auxquelles on confioit des matières premières. La loi du maximum, en dégarnissant les ateliers, avoit ruiné les entrepreneurs ; ils attendoient du Gouvernement un secours provisoire que le C. *Bethune-Charost*, sollicitoit vivement pour eux, et qu'une fabrication abondante les eût bientôt mis en état de remplacer (2).

Il savoit qu'un pays ne devient riche que par

---

(1) Suivant *Pline* le Berry fournissoit des toiles à voiles à toute la Gaule ; *Bituriges imò verò Galliæ universæ vela texunt* (Plin. L. IX, c. I).

(1) Cette manufacture seule, fabriquant chaque année trente à quarante mille aunes de toiles à voiles, les pro-

l'échange de son superflu contre du numéraire, ou contre les objets qui lui manquent, aussi, s'appliqua-t-il particulièrement à favoriser les moyens de communication (1). Les routes et les canaux de navigation excitèrent son zèle, et lui firent faire les plus

---

priétaires s'engageoient à rendre, en matières fabriquées, et dans l'espace d'un an, l'avance qu'ils auroient reçue.

(1) Les chemins sur lesquels ils n'a cessé de fixer l'attention du Gouvernement, sont deux routes dont l'une traverse le département du Cher, de l'orient à l'occident, depuis Moulins, où trois grandes routes aboutissent, formant une communication de Lyon à Bourges, à la Rochelle et à Tours, points sur lesquels les routes sont finies. Il reste encore, de cette route tracée, environ dix lieues à faire.

L'autre est celle de Clermont, département du Puy-de-Dôme, à Paris; elle traverse le département du Cher du nord au midi, elle est plus courte de douze lieues que celle frequentée aujourd'hui, avantage important pour le commerce; il n'en reste plus que trois lieues à faire. Puisse la mémoire du C. *Charost*, fixant l'attention du Gouvernement sur cet objet, hâter le moment qui doit faire la prospérité du département du Cher. Déjà les communications, ouvertes dans ce pays par les soins de ce citoyen, ont augmenté sensiblement sa population depuis quinze ans, et doublé celle de la ville de Saint-Amand; celle de la sous-préfecture dont cette

grands sacrifices (1). Un député de ce département disoit dernièrement que l'administration étoit honteuse d'avoir si peu contribué à la confection des routes, pour lesquelles le C. *Bethune-Charost* avoit employé des sommes considérables. Enfin, dans le dé-

---

ville est le chef-lieu, est augmenté même depuis la guerre, malgré le départ des guerriers.

Le prix des denrées a haussé dans une proportion étonnante; il existe un marché conclu en 1766, par lequel mademoiselle de Charolois a vendu, à des marchands de Saint-Amand, soixante mille cordes de bois, à douze sols la corde; ce même bois se vend aujourd'hui six à sept francs, à quelques lieues de Saint-Amand; tandis que les bois de la forêt de Tronçay, qui ne sont pas exploités pour la marine, sont donnés pour vingt sols la corde, et le propriétaire ne peut pas toujours s'en défaire à cause de la difficulté des communications.

(1) Un canal important avoit été projetté du bec d'Allier à la rivière du Cher, il devoit, en traversant le département, rendre la navigation, jusqu'à Nantes, possible pendant neuf mois, tandis que la Loire seule n'est navigable que six mois au plus. Ce canal auroit été une source de prospérité pour le département du Cher, aussi sa construction devint-elle l'objet de l'attention soutenue du C. *Charost.* En 1785, il fit lever les plans à ses frais, et ce canal, l'objet de ses sacrifices et de ses démarches constantes, est le vœu le plus ardent des habitans du département du Cher; il rendra ce département entrepôt

partement du Cher, il n'existe pas un établissement public, pas une route praticable auquel il n'ait contribué, ou qu'il n'ait entreprise à ses frais. On peut être étonné que sa fortune suffit à répandre tant de bienfaits; mais il faut observer qu'il en consuma une grande partie à cet usage, que, d'ailleurs, c'étoit sa seule dépense.

On a répété plus d'une fois que les hommes ne manquent jamais aux circonstances; ne seroit-il pas plus vrai de dire que les circonstances ne manquent jamais aux hommes qui savent les faire naître? En effet, *Béthune-Charost* n'ayant que sa fortune et son bon cœur, trouva le moyen de vivifier un département tout entier; peut-être que s'il eût été nécessaire au commerce intérieur; tandis qu'aujourd'hui le défaut de communication jette de la défaveur sur toutes les spéculations de commerce. Le C. *Béthune - Charost* assuroit des fonds supplémentaires très-considérables, lorsque la construction de ce canal de navigation seroit commencée.

Il a donné, sur toute la navigation intérieure du département du Cher, un vaste projet dans lequel les points correspondans avec des moyens généraux de communication se trouvent indiqués. La nature y offre une abondance d'eau bien favorable à ces entreprises.

à la tête de l'administration générale, ses vues se seroient agrandies, et le Gouvernement auroit profité des idées d'utilité publique qu'il concentroit dans un canton, et qui étoient pour la plupart susceptibles d'être généralisées.

Paris a été souvent témoin de son humanité; il fut un des fondateurs de cette Société philantropique, dont l'existence trop courte promettoit de si beaux jours aux indigens. Il a contribué à former l'Institution des aveugles travailleurs, dont cette Société doit s'honorer d'avoir jeté les fondemens. Il étoit aussi l'un des fondateurs de l'Association de bienfaisance judiciaire qui fut l'aurore des bureaux de conciliation, et qui aidoit, de ses conseils et de sa bourse, le foible à soutenir de justes droits contre l'oppresseur opulent.

Lorsque la barbarie sembloit déchaînée contre les monumens les plus précieux des beaux arts, tandis que quelques hommes, qui connoissoient l'influence des arts sur la gloire et la civilisation des peuples, se réunissoient pour conserver ce feu sacré prêt à disparoître au milieu des ténèbres entassés par la stupide ignorance, *Bethune-Charost* fut un des premiers à se joindre à cette utile association, et après la mort de *de Wailli*, fondateur de cette Société des amis des arts, il en devint le plus ferme soutien. Dès qu'un établissement présentoit des vues utiles, il devenoit un de ses appuis ; le Lycée républicain a été pour lui l'objet d'une continuelle sollicitude.

A peine le nom et l'exemple de *Rumfort* eut-il rappelé l'usage des soupes économiques, qu'on devoit de nos jours aux efforts charitables des dignes pasteurs de Sainte-Marguerite et de Saint-Roch, et qui déjà avoient été indiquées et pratiquées par *Vauban*; à peine cette œuvre de bienfaisance, à la faveur d'une livrée étrangère, eut-elle excité quelque intérêt, qu'on vit *Béthune - Charost* faire de puissans efforts pour la fixer enfin parmi nous. Il a été, jusqu'à sa mort, président de cette administration.

Au 18 Brumaire an VIII, il fut nommé maire de la municipalité du dixième arrondissement de Paris ; *sans doute*, dit modestement un de ses collègues, *il pouvoit occuper une place plus éminente ; mais, toujours ami du peuple, la place qui convenoit le mieux à son caractère étoit celle qui l'en rapprochoit davantage.*

Il fut aussi un des administrateurs de cette maison d'éducation où deux hommes, également célèbres, ont, par un art dont le développement et l'application exigeoient autant de dévouement que de lumières, suppléé à l'écart de la nature, étendu et utilisé l'existence d'êtres malheureux, privés, en naissant, des moyens les plus nécessaires de commucation avec leurs semblables.

Souvenir d'admiration et de douleur ! c'est dans l'exercice de cette œuvre de charité que *Béthune-Charost* devoit trouver la fin de sa carrière; la petite-vérole exerçoit ses ravages sur ces jeunes infortunés, *Béthune-Charost* ne l'avoit point eue et la craignoit, mais il peut être utile, rien ne l'arrête; il entre dans cette enceinte, il y est atteint par la contagion, et succombe bientôt après à l'effet de cette cruelle maladie. (1).

La mort de cet homme de bien fit répandre des pleurs à tous ceux qui l'avoient connus, et causa, dans cette immense cité, une sensation honorable pour celui qui étoit l'objet de si justes regrets. Le préfet de Paris, les maires, plusieurs membres de sociétés savantes, une foule d'autres citoyens crurent devoir mêler leurs larmes à celles de la fa-

---

(1) Le 5 Brumaire an IX.

mille; et quatre discours, prononcés dans cette seule cérémonie, attestèrent le respect que l'homme qui en étoit le sujet avoit inspiré.

Mais ce fut sur-tout cette famille qui ressentit plus vivement cette perte douloureuse; *Béthune-Charost*, qui savoit répandre le bonheur loin de lui, savoit aussi le fixer dans sa maison; il avoit réuni autour de lui ses parens, avec tous ceux d'une épouse vertueuse, et il en vivoit adoré. Cette famille, isolée au milieu du tourbillon des passions et de la corruption, conséquence funeste des principes éronnés, conservoit ces mœurs patriarchales, qui sont la base la plus sûre de l'union durable; quoique nombreuse elle vivoit dans la plus étroite intelligence; l'amour et la vénération pour son chef, le désir de lui plaire et de l'imiter faisoit sa constante occupation. La perte qu'elle a éprouvée dans cette circonstance sera pour elle un souvenir d'éternels regrets.

Le corps du C. *Béthune-Charost* fut transporté à Meillant, où il avoit fait son séjour de prédilection; sa maladie y étoit à peine connue, lorsque la présence de son cercueil vint enlever tout espoir aux habitans. La douleur étoit à son comble, les temples se sont remplis de malheureux qui venoient prier pour leur père; les communes voisines ont voulu se réunir afin de donner des témoignages de vénération pour sa mémoire; les habitans qui se rencontroient sur les chemins n'osoient s'interroger, des larmes involontaires apprenoient bientôt que *Béthune-Charost* n'existoit plus.

Le jour où la terre a recueilli les restes de cet homme bienfaisant a été, pour le pays, un jour de deuil public; le peuple, accompagné de ses magistrats et d'un nombre considérable d'hommes qui avoient été attachés au C. *Béthune-Charost*, s'est porté en foule pour lui rendre les derniers devoirs, chacun vouloit se charger de l'honorable fardeau de sa dépouille mortelle; tout ce que l'attachement et la reconnoissance peuvent inspirer de piété et de recueillement a été apporté à cette cérémonie lugubre; des larmes abondantes arrosoient le sol de sa tombe, il sembloit qu'avec *Béthune-Charost* tout espoir de bonheur étoit évanoui. Pendant cette journée les boutiques ont été volontairement fermées, les travaux publics ont été suspendus, la douleur étoit générale, et tous les cœurs se disputoient le mérite d'en produire les signes les moins équivoques.

Une souscription volontaire a été ouverte par le préfet du département du Cher, et bientôt un monument sera élevé à sa mémoire; mais le monument le plus digne de lui est celui que ses vertus ont gravé dans le cœur de ceux qui l'ont connu; sa cendre repose à Meillant, puisse son esprit être présent par-tout, pour inspirer ceux qui, avec de grands moyens, peuvent, comme lui, s'honorer par de grands bienfaits (1).

---

(1) L'attention particulière que le C. *Béthune-Charost* mettoit à cacher ses bienfaits, nous prive du récit d'une foule de belles actions. D'ailleurs, l'obligation de donner, dans un si court espace de temps, l'idée d'une vie occupée par un si grand nombre de choses remarquables, laissoit peu de place aux détails. Elle commandoit aussi de substituer des faits à des réflexions, de remplacer l'expression de l'admiration par des citations continuelles, il falloit faire disparoître l'écrivain pour montrer l'homme toujours agissant; il est facile d'observer que toutes les actions du C. *Béthune-Charost* réveillent un sentiment, et qu'un grand nombre peuvent former le sujet de longues et utiles méditations par les applications générales dont chacune en particulier est susceptible.

www.ingramcontent.com/pod-product-compliance
Lightning Source LLC
Chambersburg PA
CBHW070715050426
42451CB00008B/663